LES JEUX

AVERTISSEMENT

Les chansons que contient ce recueil ont été faites sur des MOTS tirés au sort, et chantées au Banquet annuel (dit BANQUET D'ÉTÉ) qui a eu lieu le samedi 18 juin 1870, chez M. GÉRARD, restaurateur, au MOULIN VERT, à la porte Dauphine, avenue de l'Impératrice.

CHANSONS

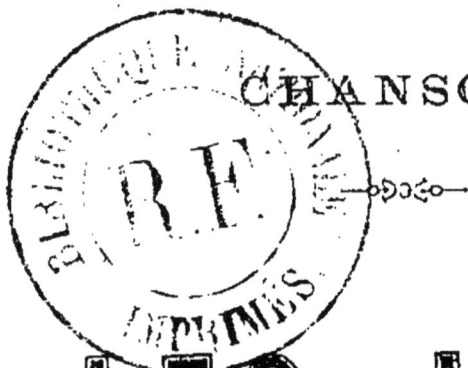

LES JEUX

PAR

LES MEMBRES DU CAVEAU

MOTS DONNÉS

PARIS

Typ. JULES-JUTEAU, Passage du Caire, 29 et 31

1870

LES JEUX

MOTS DONNÉS

TOAST.

L'aï pétille
A ce gala,
Et ce vin-là
Nous émoustille,
On sait cela.
Or en famille,
Sous la charmille
Où nous voilà,
Quand le champagne,
A la campagne,
Coule à foison,
Joyeux trouvères,
Vidons nos verres,
A la chanson!

CLAIRVILLE,
Membre titulaire, Président.

1

IMPROMPTU

—

Quand PROTAT parmi nous revient à la riposte,
CLAIRVILLE, permets-moi d'ajouter à ton toste :
Bien qu'on ait dès longtemps aboli les recors,
Sur nous la maladie a la prise de corps ;
Le vice-président pour la peur en est quitte,
Buvons à sa santé, célébrons sa visite...
Car, loin d'être *arrêté*, comme il le redoutait,
PROTAT n'eût qu'un protêt

ALEXANDRE FLAN,
Membre titulaire.

LA BALANÇOIRE

—

AIR: de la *Sauteuse*.

A la balançoire
Quand je me gaudis,

Je vous le dis,
C'est à me croire
Dans le Paradis.

A ce jeu, parfois,
Vraiment, je crois
Être bercé
Et caressé,
Même poussé
Par les zéphirs, bonheur suprême.
Je n'ai plus de corps,
Je suis alors,
En fendant l'air,
Comme l'éclair,
Sans os, sans chair,
Je crois être un zéphir moi-même.

A la balançoire
Quand je me gaudis,
Je vous le dis,
C'est à me croire
Dans le Paradis.

Balançant Suzon,
Rose et Lison,
Et les suivant

Le nez au vent,
Oui, bien souvent
Quand elles variaient leurs poses,
J'ai vu leurs mollets
Si rondelets,
J'ai vu d'en bas,
Mieux que leurs bas,
Disons tout bas
Que l'on voit de bien belles choses.

A la balançoire
Quand je me gaudis,
Je vous le dis,
C'est à me croire,
Dans le Paradis.

Bien certainement,
Ce jeu charmant
Plaît à chacun ;
Mais il est un
Dicton commun,
Que, pour le railler, on emploie :
Tous les gens grincheux,
Tous les fâcheux,
Tous les gêneurs,
Les raisonneurs,
Les sermoneurs.
Il faut, dit-on, qu'on les envoie

A la balançoire !
Ce refrain nouveau,
Pour un rondeau,
J'aime à le croire,
Doit plaire au CAVEAU.

Ces auteurs divers
Qui de leurs vers
Vont constamment
Nous assommant;
Cette maman
Qui lance de tendres œillades,
Ces petits crevés,
Mal élevés,
Sans cœur, sans goût,
Sans rien du tout,
Et qui, surtout,
Sont bêtes, désœuvrés, maussades,

A la balançoire !
Ce refrain nouveau,
Pour un rondeau,
J'aime à le croire,
Doit plaire au CAVEAU.

Ces spéculateurs,
Boursicoteurs,

Agioteurs,
Et tripoteurs,
Ces tentateurs
De mainte honnête créature,
Et ces romanciers
Qui, peu sorciers,
Avec aplomb,
Du crime font
L'unique fond
De leur pauvre littérature,

A la balançoire!
Ce refrain nouveau,
Pour un rondeau,
J'aime à le croire,
Doit plaire au CAVEAU.

Ces tendrons coquets,
Dont les attraits
Sont aux galants
Les plus offrants,
Qui pour cent francs
Embrasseraient le diable même,
Qui, plus affamés,
Que renommés,
Veulent charmer
Pour consommer

Et, sans aimer,
Disent à chacun : « je vous aime, »

A la balançoire !
Ce refrain nouveau,
Pour un rondeau,
J'aime à le croire,
Doit plaire au CAVEAU.

Ces journaux rasants,
Trop complaisants,
Ou ces journaux
Trop radicaux,
Tous les journaux
Qu'on a la bêtise de lire,
Ces flatteurs barbons
Des vieux Bourbons,
Ces partisans
Des d'Orléans,
Ces courtisans
Du peuple et même de l'empire,

A la balançoire !
Ce refrain nouveau,
Pour un rondeau,
J'aime à le croire,
Doit plaire au CAVEAU.

De taille et d'estoc
Ce démoc.-soc
Qui veut pour lui
Le bien d'autrui,
Qui rage et qui
Ne nous laisse jamais tranquilles,
Ces bourgeois taquins,
Républicains
Par lâcheté,
Hostilité,
Crédulité,
Ces blagueurs et ces imbéciles,

A la balançoire!
Ce refrain nouveau,
Pour un rondeau,
J'aime à le croire,
Doit plaire au CAVEAU.

Bref! mettons un frein
A ce refrain,
Il faut enfin
En voir la fin,
Car, bien en vain
Je voudrais épuiser mon thême,
On murmurerait,

On s'ennuîrait,
On souffrirait,
On bâillerait,
On finirait
Par envoyer ma chanson même,

A la balançoire !
Vous fûtes assez
Par moi bercés,
J'aime à vous croire
Assez balancés.

CLAIRVILLE,
Membre titulaire, Président.

LES BARRES.

Air : *Ne raillons pas la garde citoyenne.*

Vous souvient-il de cette gaîté folle
Qui traversait nos têtes de quinze ans,
Lorsqu'à midi la cloche de l'école
Nous permettait de déserter nos bancs ?...

1.

Que de transports, de bruyants tintamarres!
Chacun de nous proposait à son gré
Vingt jeux divers... toujours celui des barres
Par dessus tous était le préféré.

Chers compagnons de mes jeunes années,
Vous qui mettiez tant d'ardeur au plaisir,
Je veux, ici, d'une de ces journées
Vous rappeler le riant souvenir.

Allons, enfants! descendez dans l'arène
Comme faisaient jadis nos anciens preux,
Mais n'allez pas surtout manquer d'haleine
En combattant aujourd'hui sous nos yeux!

Laissez l'algèbre et les mathématiques,
Obscur fatras qui vous tient en arrêt;
Et mettez bas les képis, les tuniques;
Il va falloir bien jouer du jarret!

Je vois déjà se disposer vos troupes;
Dans le champ-clos, vite, chacun accourt.
On se divise aussitôt en deux groupes,
Et tout cela sans clairon, ni tambour.

Monsieur Cobden n'aurait rien à redire
S'il assistait à ces nobles tournois,
Car c'est ici la bataille pour rire,
Le chassepot n'élève pas la voix !

L'Égalité se trouve en son domaine ;
Dans les deux camps, point de généralat.
Qui chercherait un chef, un capitaine,
Serait déçu : tout le monde est soldat.

Mais, garde à vous ! la lutte enfin commence.
Tout est paré dans chaque bataillon ;
C'est le plus grand qui le premier s'élance ;
Trois poils follets décorent son menton...

De l'ennemi qui l'observe intrépide,
Il se rapproche et la main a suffi
Pour lui porter dans un geste rapide,
Fier paladin, un orgueilleux défi !

Au provoqué la tâche est réservée
De le saisir, mais le provocateur
Vient toucher barre... et la France est sauvée !
Hurrah pour lui, gloire au triomphateur !

Or, à présent, s'engage la mêlée
D'où chacun sent qu'il faut sortir vainqueur ;
C'est une course ardente, échevelée,
C'est un assaut d'adresse et de vigueur.

Combien sont grands les hasards de la guerre !
Bientôt, hélas ! six braves chevaliers
Dans cette lutte ont mordu la poussière,
L'un des deux camps les a faits prisonniers.

Rassurez-vous, jamais de l'esclavage
Les fers pesants ne chargeront leurs mains ;
Ils n'iront pas d'un peuple anthropophage
Alimenter les horribles festins !

Ils attendront, calmes, qu'on les délivre,
Ou que le sort, par un juste retour,
Dans la terrible manche qui va suivre
Les favorise et les comble à leur tour.

Mais, vain espoir ! cette attente est trompée.
Qu'entends-je au loin ? c'est le chant du départ.
Il faut, hélas ! finir cette épopée
Qu'on se promet de reprendre plus tard.

Et maintenant, que de fâcheuses notes ;
Que de pensums pour les accrocs nombreux
Qu'ont dû subir chemises et culottes
Dans ce conflit pacifique et joyeux !

Intervenons, amis, pour la cohorte ;
Cent fois et plus, on nous vit dans ce cas ;
Si nos neveux sont déchirés, qu'importe !...
Ils sont heureux, ne les réveillons pas !

Vous souvient-il de cette gaîté folle
Qui traversait nos têtes de quinze ans,
Lorsqu'à midi la cloche de l'école
Nous permettait de déserter nos bancs ?

L. MOYNOT,
Membre titulaire.

LE BACCARAT, LE LANSQUENET,
LE CHEMIN DE FER

Air : Final de *Renaudin de Caen.*

Le lansquenet, le baccarat,
Le chemin de fer, sont, en France,

Non pas jeux de réjouissance,
Mais jeux de mode et d'apparat!

Le brave ouvrier qui s'amuse,
Le commis libre du comptoir,
Le conscrit qu'un conseil refuse,
Le marchand qui ferme le soir,

S'ils ne vont pas à la Gaîté,
Vont au café... Là, sans contrainte,
Entre le cigarre et l'absinthe,
Ils font deux cents points d'écarté.

Le billard, le trictrac, la brisque
Ont leur tour, et l'on voit bientôt
Le perdant qui se fâche et bisque,
Lorsque le vainqueur rit tout haut.

A la corde on voit les enfants
Sauter gaîment... les paysannes
Font danser, sous les verts platanes,
Leurs gros amoureux triomphants.

Ainsi lorsqu'une part du monde
Se livre au jeu, l'on voit chacun
Avoir la mine ouverte et ronde...
Du bonheur c'est le vrai parfum!

Mais, par contre, on peut voir aussi
Que, dans les fêtes de la haute,
Nul invité ne se fait faute
D'affecter froideur et souci.

Des gens que l'on dit raisonnables,
Laissant la jeunesse danser,
Etalent sur de grandes tables
L'argent qu'ils ont à dépenser ;

Puis, faisant tomber lentement
Chaque carte, l'une après l'autre,
Dans l'orgueil où chacun se vautre,
Chacun s'amuse en s'embêtant...

Cet amusement-là se nomme
Le baccarat... le lansquenet...
Le chemin de fer... mais, en somme,
Là, le joueur n'est qu'un benêt ;

Car si nos lois ont, par malheur,
Trop de choses qu'elles défendent,
Je ne crois pas qu'elles commandent
Un plaisir pris à contre-cœur !

Les trois jeux que ma plume cite
Pour les fils de famille encor
Sont un moyen de perdre vite
Tout ce qu'ils ont ou n'ont pas d'or.

Dans les détails trop nuageux,
Sans risquer ici ma science,
Je dirai ce que chacun pense :
Ces jeux-là ne sont pas des jeux;

Ce sont des passe-temps — honnêtes
Quelquefois — auxquels, dans un bal,
Pendant qu'on dit des chansonnettes,
On se livre... enfin, c'est égal,

Le lansquenet, le baccarat,
Le chemin de fer, sont, en France,
Non pas jeux de réjouissance,
Mais jeux de mode et d'apparat!

DUVAL,
Membre associé.

LE BÉZIGUE

—

AIR: *Omelette du Niagara.*

Connaissant peu *la roulette*
Qui m'échut, je prends au vol
Un mot omis, que me jette
Complaisamment MONTARIOL :
Ce jeu, qui vient des Normands,
A de réels agréments ;
Partout on dit : Allons-y
Gaîment d'un petit *béʒi!*
Le *whist* absorbe et fatigue,
Le *piquet* est rococo ;
Vive le joyeux *béʒigue!*
Ce n'est qu'un cri, qu'un écho.
Les termes dont on se sert
Choquent les gens du bel air,
Mais amusent, sans façons,
Entre amis, entre garçons :
Qui donne au rire des ailes
Et nous fait battre des mains ?
Soixante de demoiselles
Et *quarante de larbins!*

Aux rois faisons les honneurs :
Quatre-vingts de sénateurs,
Des nouveaux, à prix réduit
Et *quarante de béʒi ;*
Et puis les *boutons de guêtres,*
Gai quatuor d'as tout puissants ;
Mais surtout, gare aux *deux mètres*
Cinquante et gare au *cinq cents !*
Le cinq cents c'est l'assommoir,
Vous retirant tout espoir :
Frappé de ce coup hardi,
On devient *bègue* au *béʒi.*

Connaissant peu *la roulette*
Qui m'échut, j'ai pris au vol
Le béʒigue, que me jette
Mon collègue MONTARIOL.

ALEXANDRE FLAN,
Membre titulaire.

LE BILBOQUET

—

AIR : *Ça n' se peut pas.*

Du bilboquet que puis-je dire ?
Ce mot, d'abord réjouissant,

Ce mot, qui d'abord prète à rire,
Devient ensuite embarrassant.
« Tout peuple heureux n'a pas d'histoire ; »
On peut, sans être un perroquet,
En dire autant, veuillez m'en croire,
    Du bilboquet.

Quelle est, au vrai, son origine?
Les avis sont trop différents ;
Pourtant ce jeu doit, j'imagine,
Dater de nos premiers parents.
Adam ayant fourni la quille,
Eve la boule au trou coquet,
Tous deux jouaient, dans la charmille,
    Au bilboquet.

Quand de l'Eden, leur peccadille
Les fit chasser par Jéhovah,
De père en fils, de mère en fille,
Le bilboquet nous arriva ;
Chaque mortel mit en pratique
Le beau jeu qu'Adam pratiquait ;
Telle est, je crois, l'histoire antique
    Du bilboquet.

A la cour il eut ses entrées ;
Tandis que, soumis à ses lois,

Le Béarnais avec d'Estrées
Procédait à d'autres exploits,
Avec ses mignons, qu'il fatigue,
Henri III, ce roi freluquet,
S'escrimait, pour narguer la Ligue,
     Au bilboquet.

Au bilboquet, dans la jeunesse,
On se distingue, on est très fort,
Du premier coup, avec adresse,
On met au trou, sans grand effort;
Mais l'âge arrive, il nous harcèle,
Et, rabattant notre caquet,
Le diable coupe la ficelle
     Du bilboquet.

On est moins ferme sur ses hanches;
Adieu les grands coups, sarpejeu!
Adieu les vaillantes revanches
Que l'on donnait à ce doux jeu.
Alors, pris d'une autre faiblesse
Pour le boston et le piquet,
A ses petits enfants on laisse
     Le bilboquet.

Voilà ma chanson terminée :
Par le hasard, ce paltoquet,

Cette thèse me fut donnée ;
CLAIRVILLE, qui la reluquait,
S'en serait mieux tiré, je pense,
Et vous allez pour le bouquet,
Dire que je n'ai pas de chance
    Au bilboquet !

EUGÈNE GRANGÉ,
Membre titulaire.

LE BILLARD

—

AIR : *A voyager passant sa vie.*

L'homme a besoin pour se distraire
Des jeux du corps et de l'esprit,
Son usage, très salutaire,
Par la médecine est prescrit ;
Mais il est des jeux que j'abhorre
Dont le seul charme est le hasard,
Heureux de mon lot, je m'honore
D'avoir à chanter le billard.

Exigeant surtout de l'adresse,
Le billard est un jeu charmant ;
Au corps il donne la souplesse,
C'est un exercice entrainant;
Il fut pour mon adolescence
Un attrait bien doux, presque un àrt;
J'y mordais mieux qu'à la science,
Et passais ma vie au billard.

Pourtant, alors à son enfance,
Ce jeu paraissait primitif;
Bandes dures, tapis immense
N'offraient pas un plaisir bien vif;
De bois seul on faisait la queue
Et quelles blouses!., puis à part,
Bille jaune avec bille bleue
Pour la russe entraient au billard.

Le carambolage et la poule
Sont aujourd'hui seuls en honneur;
L'effet sur la bille qui roule
Fait connaître le beau joueur ;
Effets directs, effets de bande
Laissent peu de prise au hasard;
C'est le talent seul qui commande
A ce noble jeu du billard.

Aussi voyez la différence,
Grâce à d'illustres professeurs :
Berger, Constant!.. combien en France,
De grands artistes!.. d'amateurs!..
Le citadin, à sa campagne,
Bâtit pour pouvoir tôt ou tard
A l'invité qui l'accompagne
Donner le plaisir du billard.

Nos cercles, nos cafés splendides
Étalent des billards nombreux;
Dans les bouges les plus sordides
On rencontre un billard crasseux;
C'est le revers de la médaille,
Car on trouve là maint braillard
Qui sur tout discute et criaille
En s'abrutissant au billard.

Dans nos foires les plus famées
Des billards d'un autre acabit
Par des filles bien parfumées
Sont exploités avec esprit...
« Voyez, à tous les coups on gagne »
Vous dit-on d'un air égrillard,
Le soir on offre du champagne
A ces maîtresses de billard.

Messieurs, cette monographie
Vous a sans doute peu charmés ;
J'attends avec philosophie
L'effet de ces vers mal rimés ;
Deux ans plus tôt votre indulgence
Applaudissait mon *corbillard ;*
Montrez-moi même bienveillance
En applaudissant mon billard.

HIP. FORTIN,
Membre correspondant.

LES BOULES

—

AIR du vaudeville *de l'Apothicaire.*

Chacun a son tic ici-bas,
Et je n'en excepte personne,
L'un aime à jouer aux soldats ;
Et l'autre à jouer du trombonne :
Tel préfère le domino,
De celui-là l'esprit déroule

Les combinaisons du loto,
Moi, j'aime jouer à la boule.

A *pointer*, *refendre* et *tirer* (*)
Se borne toute sa science,
J'en conviens, mais qu'il faut montrer
Et de sang-froid et de prudence!
Avec moi chacun reconnaît,
Et de soi-même ça découle,
Que pour viser le *cochonnet*,
Il ne faut pas perdre la boule!

Avec une jeune beauté,
Qui voudrait en vain s'en défendre,
Je sais toujours, quand *j'ai pointé*,
Avec habileté *refendre*;
C'est surtout quand je vais *tirer*,
Sans crainte d'attraper d'ampoules,
Que j'aime à lui voir mesurer
Le *cochonnet* entre deux boules.

Au lieu d'apporter mon appoint,
Si parfois, quand on m'asticote,
Faute d'avoir pris un seul point,

(*) Le mots en italique sont des termes techniques.

J'eus le malheur d'être *cocotte*,
En revanche, c'est constaté,
Je fus le coq de bien des poules,
Dans lesquelles j'avais *pointé*
Sous le *cochonnet* les deux boules.

Comme, sans être compliqué
Pour amuser il en vaut d'autres,
Ce soir, loin d'avoir critiqué
De ce jeu les fervents apôtres,
Je puis cependant avouer
Que, quel que soit l'auteur des moules,
En jouant et pour en jouer,
Ils ont souvent de bonnes boules.

LOUIS PROTAT,
Membre titulaire.

CACHE-CACHE

—

AIR : *J'en guette un petit de mon âge.*

Lorsqu'au printemps refleurit l'églantine,
Que tout renaît, nid d'amour et chansons,

Il est un jeu que fillette mutine
Aime à jouer avec certains garçons...
Ce passe-temps dont elle s'amourache,
Que rien n'égale en séduisants plaisirs,
Et qui du cœur vient combler les désirs,
  Ce jeu charmant, c'est cache-cache.
  Vive le jeu de cache-cache!

Grâces à lui jouvencelle ignorante,
Bonne maman, s'éclaire malgré vous,
Et fière alors de passer pour savante,
Vient s'écriant : ce n'est pas sous des choux
Que je naquis, hier le grand Eustache
M'a tout apppris en jouant sous les houx...
Ciel! à quel jeu, dit l'aïeule en courroux.
   — Maman, c'était à cache-cache.
  Vive le jeu de cache-cache!

Il vient en aide aux songeuses pucelles
Que le désir entraîne au fond des bois;
Elles vont là s'étudier entre elles
Sur les secours qu'on peut tirer des doigts...
A cet ébat s'amusant sans relâche,
Entendez-les, sous le vert aubépin,
Mordant au fruit sans craindre le pépin,
  Répéter : — vive cache-cache!
  Vive le jeu de cache-cache!

Vive ce jeu, pour dégourdir nos filles
A qui nos gars plantent le mai fleuri;
Pour ranimer la vigueur des bons drilles
Et décorer le front d'un vieux mari !
En y jouant femme point ne se fâche
Lorsque l'amour lui fait faire un faux pas...
Combien de gens qui n'existeraient pas
    Sans le doux jeu de cache-cache !
    Vive le jeu de cache-cache !

VERGERON,
Membre titulaire.

LE CERCEAU

Air : *J'ai vu le Parnasse des dames.*

Mes chers amis, quand je dois mettre
Une chanson, sur le métier,
De mon cœur je ne suis plus maître,
Et je vois trembler mon papier :

Je voudrais avoir vos suffrages,
Mais, rimeur encore au berceau,
Sans esprit, je salis des pages...
C'est l'histoire de mon cerceau.

Pourtant, pour m'inspirer, peut-être
J'avais un moyen triomphant :
C'était un peu de me remettre
A jouer à ce jeu d'enfant :
Et le soir, dans les contre-allées,
On m'a vu, c'est au moins nouveau,
Remonter les Champs-Élysées,
En jouant tout seul au cerceau.

Mais je n'ai pas trouvé grand' chose
Malgré cet excellent moyen,
Et mon bagage se compose...
Faut-il vous l'avouer ! — de rien !
O chers collègues, ô mes maîtres,
Pour vous égaler au CAVEAU,
J'ai nombre encor de kilomètres
A courir avec mon cerceau.

Mais on m'a donné la parole !
— Sur le cerceau que dire ici !
Qu'il est l'enfance vive et folle

Toute au plaisir et sans souci ! —
Celui qui doit avec sagesse
Mener des hommes, un vaisseau,
A dû, d'abord, en sa jeunesse
Apprendre à conduire un cerceau.

Le cerceau, c'est l'adolescence,
Quand, rêvant d'un minois fripon,
Le cœur bat avec violence,
Au seul aspect d'un court jupon...
Car ce qu'on veut... ce qu'on désire,
Crinoline ! — Trouble cerveau !
C'est l'exploit... difficile à dire...
Doux à faire... sous ton cerceau.

Le calembourg aussi me donne,
Un type qu'il faut consigner,
Et parmi vous, il n'est personne
Qui n'ait modèle à désigner :
Ces crevés à piètres figures
Infatués de leurs museaux,
On peut dire de leurs ceintures,
Qu'elles sont bien des *serre-sots*.

C'est quand on a la cinquantaine,
Et qu'on n'est pas un buveur d'eau,

Qu'on sait que l'esprit a sa veine
Dans les cercles d'un vieux tonneau.
Et Panard, croyez-en son verre,
Savait colorer son pinceau
De la liqueur joyeuse et claire
Que garde si bien le cerceau.

Le cerceau, c'est la vie humaine,
Que chacun conduit comme il peut,
Là doucement, là qu'on surmène,
S'arrêtant plus tôt qu'on ne veut !..
Au nom des déesses légères,
Inspiratrices du CAVEAU,
Puissiez-vous tous, mes chers confrères,
Guider cent ans votre cerceau !

SAINT-GERMAIN,
Membre associé.

LE CERF-VOLANT

—

AIR : de la **Robe et des Bottes**.

J'aime un cerf-volant qui s'enlève,
Rival de l'aigle au sein des airs !

Avec lui s'élance mon rêve
Parmi la foudre, les éclairs.
Chercheur d'émotions nouvelles,
Que de fois, quand j'étais enfant,
De l'oiseau j'enviai les ailes,
Pour devancer mon cerf-volant.

Du vent je déplorais l'absence
Quand mon cerf-volant, loin du sol,
Frappé d'une triste impuissance,
Refusait de prendre son vol.
Faute d'un souffle favorable,
Le génie aussi trop souvent
Se traine à terre, misérable,
Comme autrefois mon cerf-volant.

D'Horace éteint, méchant poète,
Tu crois rallumer le flambeau,
La foule ignorante te fête,
Criant : Gloire à l'astre nouveau !
Mais, en voyant ta lueur terne
Vaciller dans le firmament,
Je dis, tu n'es qu'une lanterne
Qui pend au bas du cerf-volant.

En somme, que sont ces grands princes,
Ces conquérants, ces potentats,

Qui font trembler tant de provinces?
Des cerfs-volants partis d'en bas.
Ça monte au séjour du tonnerre,
Ça s'y maintient quelque moment,
Puis ça pique une tête à terre
Comme autrefois mon cerf-volant.

Laissons une foule abusée
Emporter les honneurs d'assaut.
Pour finir comme une fusée
A quoi bon s'élever si haut?
Sans nous commettre avec l'orage
Rasons la terre prudemment,
Et nous ne ferons pas naufrage
Comme autrefois mon cerf-volant!

C. DEMEUSE,
Membre associé.

LE CHEVAL-FONDU.
—

AIR : *Je loge au quatrième étage.*

Ce jeu des jours de ma jeunesse
Rappelle les doux souvenirs;

Age heureux, où l'âme en liesse
S'enivre d'innocents plaisirs.
Or, quand je repasse en ma tête
Tout ce que depuis, j'ai perdu,
Même au jeu d'amour... je regrette
L'heureux temps du cheval-fondu.

On prétend, avec assurance,
Affectant le ton jovial,
Que l'esprit du nord de la France
Est épais, lourd et glacial.
Je vais, pourtant, à cette place,
Combattre ce bruit répandu :
Voyons si mon esprit de glace
Sera, par ce cheval... fondu.

Quand un partisan de l'emphase,
Du bon sens hardi déserteur,
S'imagine, enfourchant Pégase,
Devenir un illustre auteur.
Le noble animal caracole
Et le téméraire, éperdu,
Ridiculement dégringole :
Pégase est son cheval-fondu.

Entrant dans la cavalerie,
Artilleur, hussard ou lancier,

Doit, au sortir de l'écurie,
Apprendre à dompter un coursier.
Sur le bidet fort peu commode,
Le pauvre conscrit, morfondu,
En faisant du bœuf à la mode
Regrette le cheval-fondu.

Amoureuses comme des chattes,
Voyageant le long du trottoir,
Il est des juments à deux pattes
Qui trottent menu, vers le soir.
Redoutons leurs amours vénales,
Et repoussons l'appât tendu,
On peut, chevauchant ces cavales,
Regretter le cheval-fondu.

Cheval fondu, c'est la chimère
Qui mène à la déception :
C'est la réussite éphémère
Qui flatte notre ambition.
A peine est-on assis en selle
Que l'on se trouve descendu.
Trône, ministère ou nacelle,
C'est toujours le cheval-fondu.

L. DEBUIRE DU BUC.
Membre correspondant.

COLIN-MAILLARD.

—

Air : *Gai momusion, j'éparpille ma vie.*

Colin-Maillard dont on sait peu l'histoire,
Fut un guerrier bachique et valeureux :
Ses ennemis l'ont surpris après boire,
Et sur-le-champ lui crevèrent les yeux.
      Malgré cet affront
        Fait à son front,
        On nous atteste
        Qu'il a combattu,
   Que sans y voir il a vaincu !
      De ce brillant fait
        L'histoire fait,
        Et sans conteste,
      Un fameux gaillard
Du brave Jean Colin-Maillard.

Il est permis d'ignorer ce grand homme,
Malgré sa gloire et malgré son malheur.

Peu nous importe après tout, car, en somme,
D'un jeu charmant nous vénérons l'auteur.
D'un riant tableau
Le grand Watteau,
Qu'amour inspire,
Aux jeux innocents
Donnait un éternel printemps;
Mais celui surtout
Qu'on voit partout
Et qu'on admire
Et quoique égrillard :
C'est celui de Colin-Maillard.

Heureux Colin, quand par hasard tu presses
De beaux appas qu'on permet de toucher,
Dans tes dix doigts tu cherches, tu caresses
Ce qu'à tes yeux toujours on veut cacher.
A ce jeu charmant
L'adroit amant
Prend, plein d'adresse,
Bien des libertés,
Gare à vous, naïves beautés !
Le dieu des amours
Sourit toujours
A la jeunesse,
Il lui faut sa part
Au beau jeu de Colin-Maillard.

3

C'est à ton tour, ma gentille Suzette.
Sur tes beaux yeux viens poser ce bandeau,
Et du succès ne sois pas inquiète
Si des garçons tu cherches le plus beau !
Ah ! mais, casse-cou !
Quel contre-coup !
Vers la voisine
Tu portes tes pas,
Et c'est ce que tu ne veux pas.
Mais l'amant heureux,
Que dans tes jeux
Ton cœur devine,
Aide le hasard...
Que c'est gentil Colin-Maillard !

Petits et grands, nous avons dans la vie
Joué parfois à ces jeux innocents.
Puisque aujourd'hui le plaisir nous convie,
Jouons, amis, profitons des instants ;
Instants de bonheur
Donnent au cœur
Bien douce ivresse,
Et, s'ils sont trop courts,
Sachons en embellir le cours.
Que ne puis-je avoir
Encor l'espoir

D'une maîtresse,
Mais il est trop tard
Pour jouer à Colin-Maillard.

VASSEUR,
Membre titulaire.

LA CORDE

—

AIR : de *l'Anonyme.*

Quand mes dix ans, dans leur étourderie,
Jetaient leur gourme aux caprices du vent,
Devant la cour de la vieille mairie,
Je m'en souviens, nous gaminions souvent,
Pichu, moi, Jean, Pierre .... enfantine horde,
Qu'un peu plus tard le temps démantela ..
Et nous trouvions, en sautant à la corde,
Bien du plaisir à ce charmant jeu-là !

La corde aussi voit les petites filles,
Plus gentiment que les petits garçons,
En bonds légers franchir, sous les charmilles,
L'arceau mouvant qu'on tourne sans façons.
Mais le sujet qu'ici ma muse aborde
Aux hommes seuls est confiné... Voilà
Pourquoi mes vers, en sautant à la corde,
Se sentent fiers de jouer ce jeu-là !

Le vrai bonheur fut toujours une chose
Très relative, et le richard, perdu
Sous les rideaux d'un lit en bois de rose,
Souvent voit fuir le sommeil attendu.
Au tapis-franc du gros papa Laborde
Le chiffonnier, qui gaîment rigola,
S'il a deux sous pour coucher à la corde,
S'endort heureux de jouer ce jeu-là !

Ange ou démon, flamme ou glace impassible,
— CLAIRVILLE un jour osa nous l'assurer —
Oui, chaque femme a sa corde sensible
Que tôt ou tard un amant fait vibrer.
Au rendez-vous qu'une femme m'accorde,
Lorsqu'elle daigne y joindre encore la
Permission de... rechercher sa corde,
J'aime beaucoup à jouer ce jeu-là.

Parfois pourtant, surtout en Angleterre,
La corde exerce un modeste ascendant,
Et, par dégoût ou mauvais caractère,
On n'y prend part qu'à son corps défendant.
Sur ce point-là du moins pas de discorde,
Et le bandit que *Calcraff* (1) enrôla
Pour le lancer, le cou dans une corde,
N'est pas content de jouer ce jeu-là !

Gloire, beaux-arts, harmonie, ont encore
Chacun leur corde...et je pourrais ici
Parler longtemps, mais l'heure nous dévore,
Et mon voisin murmure : as-tu fini ?
Si dans vos cœurs l'indulgence déborde
Pour l'humble écot que je paye au gala,
Allons, amis, allons, prenez la corde,
Moi, j'ai fini de jouer ce jeu-là !

VICTOR LAGOGUÉF.
Membre titulaire.

(1) Bourreau de Londres.

LES DAMES

—

Air : de *Marianne*.

Lisette est une bonne fille,
Cela c'est connu de chacun,
Presqu'à tous les jeux elle brille,
Et, moi, je n'en connaîs aucun.
     Un jour chez elle,
     Mon cœur m'appelle,
Et dans un coin j'aperçois un damier.
    — Qu'est-ce, ma belle ?
    — Quoi ! répond-elle,
A ce jeu-là tu n'es pas le premier ?
Partout il plaît à bien des femmes,
Et je veux t'en donner le goût,
Car un homme doit avant tout
     Savoir jouer aux dames.

Nous nous asseyons sur deux chaises
Et le damier sur nos genoux.
Nous n'avions pas toutes nos aises ;

Mais Lise me montrait les coups,
D'une voix douce,
Me disant : pousse,
Et je poussai d'abord étourdiment.
— Mais, grosse bête,
Me dit Lisette,
A ce jeu-là, l'on pousse lentement.
Songe que de certaines trames
Un bon joueur doit s'affranchir,
Et qu'il faut beaucoup réfléchir
Pour bien jouer aux dames.

Plus doucement je recommence ;
Mais je poussais tout de travers.
Il faut beaucoup d'intelligence
Pour suivre ces calculs divers.
Je m'en rappelle,
— Prends, disait-elle,
— Prendre, quoi donc ? à ces mots-là, troublé,
Moi, je m'arrête,
Perdant la tête,
Faute de prendre alors je fus soufflé.
Oui, j'ai mérité bien des blâmes ;
Mais un homme est toujours, je crois,
Maladroit la première fois
Qu'il faut jouer aux dames.

Enfin la marche m'est connue.
Mais, dame! je n'étais pas fort,
Et ma confiance ingénue
Me fit, hélas! pousser à tort.
De ma sottise
Profite Lise
Qui, dans un coin, v'lan! m'emprisonne un pion;
Contrariante
Et souriante,
Elle me dit : c'est un petit cochon.
Écrasé par ces mots infâmes,
Je me disais, peu folichon,
Quoi! je suis un petit cochon
Au noble jeu de dames!

Bien qu'elle ne soit pas farouche,
Souvent, avec intention,
L'un de mes genoux qui la touche
Lui donne une distraction.
Moi, j'en profite,
Et vite, vite,
Je la surprends par des coups fabuleux.
Elle se trouble,
Mon feu redouble,
Et tout-à-coup j'en prends un, j'en prends deux,
J'en ai pris trois, je le proclame,
Et moi-même je fus surpris

De ce que j'avais déjà pris
Avant d'aller à dame.

Lise, m'apprenant la série
De tous les coups qu'elle savait,
Avait négligé sa partie,
Et la mienne se relevait.
Mais n'osant croire
A ma victoire,
Près de gagner, j'hésitais de beaucoup,
Quand satisfaite
De sa défaite
Lise voulut en finir d'un seul coup,
De sa main fine et qu'on acclame
Elle avait affranchi mon pion,
Et c'était mon petit cochon
Qu'elle glissait à dame.

CLAIRVILLE,
Membre titulaire, Président.

3.

LA DANSE EN ROND

Air : *Mon pèr' m'a donné un mari.*

Sur son axe comme un toton,
    Sautez, fillettes
        Gentillettes :
Sur son axe, comme un toton
Notre globe tourne, dit-on.

L'homme par imitation,
    Sautez, fillettes
        Gentillettes,
L'homme, par imitation,
Fait aussi sa rotation.

Mamans, autour de vos jupons,
    Sautez, fillettes
        Gentillettes,
Mamans, autour de vos jupons
Je vois la ronde des poupons.

Ces petits mioches grandiront,
Sautez, fillettes
Gentillettes,
Ces petits mioches grandiront,
Et quand ils se rencontreront,

Ce sera pour danser en rond,
Sautez, fillettes
Gentillettes,
Ce sera pour danser en rond,
Joie au cœur et sueur au front.

Plus tard nous en retrouverons,
Sautez, fillettes
Gentillettes,
Plus tard nous en retrouverons,
Hommes faits gambadant en ronds.

C'est le veau d'or qu'ils fêteront,
Sautez, fillettes
Gentillettes,
C'est le veau d'or qu'ils fêteront,
Joie au cœur et sueur au front !

Elle est vieille la danse en rond !
Sautez, fillettes

Gentillettes,
Elle est vieille la danse en rond,
On la dansait sous Pharaon !

Sans connaître l'histoire à fond,
Sautez, fillettes
Gentillettes,
Sans connaître l'histoire à fond,
Sans être un érudit profond,

Je vous citerais tout du long,
Sautez, fillettes
Gentillettes,
Je vous citerais tout du long,
Ce que j'ai lu dans Massillon.

Autour de l'arche, en franc luron,
Sautez, fillettes
Gentillettes,
Autour de l'arche, en franc luron,
David, dit-il, dansait en rond.

Avec votre permission,
Sautez, fillettes
Gentillettes,
Avec votre permission,
Volontiers je quitte Sion.

Je m' sens tout chose... nom d'un nom!
    Sautez, fillettes
      Gentillettes,
Je m' sens tout chose .. nom d'un nom!
Cette table n'est pas d'aplomb.

Tout autour vous dansez en rond,
    Sautez, fillettes
      Gentillettes,
Tout autour vous dansez en rond,
Mes enfants, arrêtez-vous donc!

Je voudrais dans ce pavillon,
    Sautez, fillettes
      Gentillettes,
Je voudrais dans ce pavillon,
Tourner autour d'un cotillon.

Il fait bien chaud, me dira-t-on,
    Sautez, fillettes
      Gentillettes,
Il fait bien chaud, me dira-t-on,
A l'ombre on cuirait un mouton!

Mes chers amis, si nous allions
    Sautez, fillettes

Gentillettes,
Mes chers amis, si nous allions
En chœur nous baigner aux *deux lions?*

Là, pas bien loin de Charenton,
            Sautez, fillettes
            Gentillettes,
Là, pas bien loin de Charenton,
Plongés dans l'eau jusqu'au menton.

Sans craindre les requins gloutons,
            Sautez, fillettes
            Gentillettes,
Sans craindre les requins gloutons,
Nous pourrions voir, nouveaux tritons,

Les barbets et les polissons,
            Sautez, fillettes
            Gentillettes,
Les barbets et les polissons
En rond danser à nos chansons.

CLAIRVILLE (ayant un caleçon),
            Sautez, fillettes
            Gentillettes,
CLAIRVILLE (ayant un caleçon),
Nous présiderait sans façon.

Mon projet de natation,
        Sautez, fillettes
            Gentillettes,
Mon projet de natation
Est une divagation:

La naïve et douce chanson,
        Sautez, fillettes
            Gentillettes,
La naïve et douce chanson,
Par malheur, n'est plus de saison.

De nos jours en dansant en rond,
        Sautez, fillettes
            Gentilleties,
De nos jours en dansant en rond,
Les filles chantent (quel affront!) :

Pour époux on m' donne un barbon,
        Mon dieu! quel homme!
            Quel vilain homme!
Pour époux, on m' donne un barbon,
J' sais c' qui l'attend; son compte est bon!

Je regrette, ainsi que Mignon,
        Sautez, fillettes

Gentillettes,
Je regrette, ainsi que Mignon,
Les rondes du pont d'Avignon,

JULES DE BLAINVILLE
Membre titulaire.

LES DÉS.

—

Air : de *la petite Margot*.

Muse riante,
Reine brillante,
Douce chanson qui peuples nos banquets,
Sur toutes choses
Tu mets des roses,
Et tu grandis les plus petits sujets.

Ainsi tu fis, ô muse chansonnière,
Un vrai chef-d'œuvre et qu'on n'oubliera pas,
Sur l'humble dé de Jenny l'ouvrière...
Ah! ce dé-là, saluons-le bien bas!

La pauvre fille,
Fraîche et gentille,
Sans abîmer ses jolis petits doigts,
Aurait, je jure,
Bijoux, voiture,
Rien qu'à montrer un coin de son minois.

Mais, en chantant, elle fait sa couture,
Et de Jenny l'honneur est bien gardé;
Un talisman prévient toute piqure...
Ne riez pas, mes amis, c'est un dé.

Ce jeu bizarre,
Vrai tintamarre,
Où sans répit l'on branle son cornet,
Où l'on se barre,
Se contrecarre,
C'est le trictrac, ou plutôt le jacquet.

Sur l'échiquier les dés roulent sans cesse,
Modifiant les jeux à tout instant;
Le spectateur pense à l'humaine espèce,
Du sort léger, jouet faible et constant?

Ah! dans la vie,
Comme on envie,

Ces fins joueurs, enrichis tout d'un coup !
La veille encore,
Nul ne l'ignore,
Ils n'avaient pas en poche un traître sou !

Et le public bonnement se demande
Quel dieu puissant les aura secondés...
Pauvre public, si leur fortune est grande,
C'est qu'en jouant ils ont pipé les dés.

A cette table
Si délectable,
Rasé de frais et cravaté de blanc,
Oyez CLAIRVILLE
Qui nous défile
Un chapelet d'esprit désopilant.

Assurément, comme tous, j'en jubile,
Mais je me dis, plein d'admiration :
« Que je voudrais savoir comme CLAIRVILLE
Tenir le dé d' la conversation... »

Muse riante,
Reine brillante,
Douce chanson qui peuples nos banquets,

Sur toutes choses
Tu mets des roses,
Et tu grandis les plus petits sujets.

OSCAR DE POLI,
Membre associé.

LE DOMINO

—

AIR : *Comme il m'aimait !*

Le domino !
Ce mot seul m'exalte et m'enflamme !
C'est mon dada, je le proclame !
Aussi, je viens, *ex professo*,
Après le fromage et la poire,
Chanter huit couplets à la gloire
Du domino !

Le domino !
Ce jeu n'est-il pas l'apanage

Du rêveur pratique et du sage
Dont il agrandit le cerveau ?
Cette vertu, la patience,
Est bien près d'être une science
    Au domino !

    Le domino
Sur un tapis point ne se joue ;
La partie ailleurs se dénoue :
Ce n'est pas comme à Monaco.
Au cercle, au cabaret, sous l'arbre,
Il lui faut des tables de marbre
    Au domino !

    Au domino,
Comme l'on porte haut la tête
Quand le copin, vaillant atlhète,
Nous rend la pose *amoroso !*
Votre adversaire alors s'embrouille ;
Vous gagnez pucelle et bredouille
    Au domino !

    Au domino,
Qu'un partenaire fantaisiste,
Jouant ses coups en égoïste,
Néglige votre numéro,

Mettez la main à l'escarcelle,
Vous perdez bredouille et pucelle...
        Au domino !

        Les dominos
Offrent à leurs fervents adeptes,
En dehors de savants préceptes,
Des cas imprévus et nouveaux...
Quand la soif du gain nous picote,
Nous posons quelquefois culotte
        Aux dominos ?

        Un domino,
Tel qu'un ami sans conséquence,
Nous reste seul, bien maigre chance !
Tout notre espoir est à vau-l'eau.
Le jeu se transforme, ô surprise !...
L'ami pauvre que l'on méprise
        Fait domino !

        Le domino
Est bien placé même à l'église.
Le prêtre, quand il catéchise,
Ne dit-il pas à son troupeau :
Du feu d'enfer craignez la flamme :

Bienheureux ceux qui rendent l'âme
In domino!

DUVELLEROY,
Membre associé.

LA DROGUE

AIR : *Nous nous marierons dimanche*

Au whist, au piquet,
Même au bilboquet,
Quand on a perdu, l'usage
Veut que, mécontent
L'on paye comptant,
Et qu'on fasse bon visage !
Au régiment,
Dame ! comme en
Autriche,
Le vieux troupier,
De son métier

Pas riche,
Invente un enjeu
Qui lui coûte peu,
Et d'argent pas mal se fiche

Cet enjeu c'est, vous
Le devinez tous,
En bois de minces pincettes,
Et que le perdant,
Joueur imprudent,
Porte en guise de lunettes.
Je ne sais pas
S'il a d'un as-
Trologue
Le ton pédant,
Outrecuidant
Et rogue ;
Mais il est vexé
De son nez pincé :
Et c'est le jeu de la drogue!

La drogue est, hélas !
L'exemple, ici-bas,
De notre humaine misère :
Nul n'en est exempt,
Le pauvre gueusant

Comme le millionnaire!
Voici, primo,
Chantant son mo-
Nologue,
Un amoureux...
Le songe creux!
Il vogue
En plein sentiment;
Mais, c'est vainement;
L'amour lui garde la drogue.

Un drame nouveau
Qu'on disait fort beau,
Hier se donnait au théâtre,
Pour s'en ébaudir,
Et pour l'applaudir,
Dieu! quelle foule idolâtre!
Mais, attendu
Qu'à partir du
Prologue,
On a sifflé
Jusques à l'é-
pilogue,
Auteur ou public,
Lequel, c'est le hic,
Des deux jouait à la drogue!

La drogue est aussi
Semblable au souci,
Lorsque vient le jour du terme;
Elle fait de peur
Perler la sueur
Sur bien plus d'un épiderme.
Le pipelet,
Hargneux et laid,
Vrai dogue,
A décidé
Qu'on est un dé-
Magogue,
Faute de payer
A temps son loyer!..
Oui, c'est le jeu de la drogue!

La drogue est encor,
Avec ou sans or,
Quand on ressemble à Tantale
La faim sans le pain,
Le pain sans la faim,
Quelle drogue plus fatale!
Mais de nos maux,
Faute de mots
En *ogue*,
Je n'ai plus qu'à
Fermer le ca-

4

Talogue.
Et puis entre nous,
Il est temps de vous
Débarrasser de ma drogue !

LOUIS PIESSE.
Membre associé

LE JEU DE BAGUE

—

AIR : *des Girouettes* (Chut !)

Le sort, qui souvent extravague,
M'a donné, comme un maladroit,
Donné pour lot le *jeu de bague ;*
Ce n'est pas une bague au doigt.
Dans ma tête en vain je retourne
Ce sujet frisant le panneau,
Je tourne, tourne, tourne, tourne,
Sans prendre, hélas ! un seul anneau.
    Je tourne, tourne, tourne,
Et, sans accrocher, sans prendre un anneau !

Pourtant il faut que je me tire
Du jeu qui me met aux abois ;
Afin de mieux vous le décrire,
Enfourchons un cheval de bois.
Ce Pégase, que l'on chantourne,
Me guidera mieux qu'un Lanneau...
Je tourne, tourne, tourne, tourne,
Et manque le premier anneau !
　　Je tourne, tourne, tourne,
Et du premier coup, je manque l'anneau !

Ce jeu, du moins on le raconte,
Est un plaisir des plus anciens ;
Les savants disent qu'il remonte
Aux Romains, et même aux Troyens...
Mais tandis qu'ici je m'enfourne,
Là-dedans, comme un étourneau,
Je tourne, tourne, tourne, tourne,
Et ne prends pas un seul anneau !
　　Je tourne, tourne, tourne,
Et, sans enfiler, sans prendre un anneau !

Autrefois, sous les rois de France,
Il brillait dans les carrousels ;
Les jouteurs, armés d'une lance,
Couraient des prix... officiels.
Le vainqueur, nous dit Malitourne,

Recevait la fleur du chêneau...
Je tourne, tourne, tourne, tourne,
Et je manque encore un anneau!
Je tourne, tourne, tourne,
Mais, à chaque tour, je manque l'anneau!

Avec le temps tout dégénère;
Au lieu des coursiers de tournois,
Pour ce jeu si brillant naguère,
Nous montons des chevaux de bois.
Pendant les foires, il séjourne
A Bagnolet, à Concarnau...
Depuis un quart-d'heure je tourne,
Et je n'ai pas pris un anneau!
Je tourne, tourne, tourne,
Et n'ai pas encor pris un seul anneau!

Sans qu'ici ma chanson dévie,
Disons, en passant, que ce jeu
Est pareil au jeu de la vie,
Ou du moins lui ressemble un peu.
On court, on intrigue, on s'atourne,
On s'agite, en vrai dindonneau.
On tourne, tourne, tourne, tourne,
Et souvent on manque l'anneau!
On tourne, tourne, tourne,
Et, le plus souvent, sans prendre un anneau!

Mais depuis longtemps je divague;
J'ai tourné, mes petits agneaux,
Six couplets sur le jeu de bague,
Et j'ai manqué tous les anneaux.
A l'an prochain je vous ajourne,
Car déjà je suis tout en eau;
Que la parole tourne, tourne,
Et qu'un autre enlève l'anneau !
Oui, qu'elle tourne, tourne,
Et qu'un plus heureux enlève l'anneau !

MAHIET DE LA CHESNERAYE,
Membre titulaire.

LES JEUX DE BOURSE

—

Air : du vaudeville de l'Apothicaire.

Vous nous parlez de jeux d'enfants,
Et, prenant de grandes licences,
A propos de jeux innocents,

Vous nous dites des indécences.
Messieurs, soyez moins graveleux,
Je vais, c'est ma seule ressource,
Pour me rendre plus sérieux,
Vous parler, moi, du jeu de Bourse.

Ce jeu, le plus traître de tous,
Fait des heureux et des victimes;
Nous le voyons, à tous les coups,
Donner des regrets et des primes.
Toujours par le sort entraîné,
On est, au terme de la course,
Millionnaire ou ruiné,
Quand on se livre au jeu de Bourse.

Que de fripons, journellement,
Y gagnent de très fortes sommes,
Et de fripons soudainement
Redeviennent d'honnêtes hommes.
Par contre, on a vu, j'en réponds,
Pour que leur perte se rembourse,
D'honnêtes gens passer fripons,
Grâce à ce même jeu de Bourse.

On a prétendu qu'en secret,
C'est à ce jeu-là que Lisette

A fait sa fortune, il paraît
Quelle tripotait en cachette.
De son luxe, longtemps, on a
Assez en vain cherché la source,
Elle avait gagné tout cela
A je ne sais quel jeu de Bourse.

Rose, jalouse des succès
Qui rendait Lisette si vaine,
Sachant que je boursicotais,
Pour moi cessa d'être inhumaine,
A La Marche, où je la menais,
Elle me dit, un jour de course,
Je serai bien gentille, mais
Apprenez-moi le jeu de Bourse.

Le soir même elle sut comment
Se font et la hausse et la baisse,
Comme il faut, dans le mouvement,
Savoir faire preuve d'adresse.
Que l'on peut, par un jeu savant,
Tripler tout ce que l'on débourse,
Et qu'une fortune, souvent,
Se gagne d'un seul coup de Bourse.

Je lui dis comment, au comptant,
On entre vite en jouissance,

Et comment, hélas! fin courant,
On peut craindre une différence;
Comment ainsi, faisant joujou,
Sans s'approcher de la grande ourse,
A la lune on peut faire un trou;
Que de trous faits au jeu de Bourse.

Bourse ne rime qu'à sept mots,
Ah! sapristi! ça m'asticote;
J'avais à parler des gogos,
De la corbeille et de la cote.
Mais, bah! sans chercher vainement
Une nouvelle rime en *ourse*,
Je puis dire que maintenant
Rose est très forte au jeu de Bourse.

CLAIRVILLE,
Membre titulaire, Président.

LE JEU DE L'OIE

Air: *C'est ce qui me désole.*

Les Grecs (ceux de l'antiquité),
Inventèrent un jeu goûté

Dans la classique Troie...
Quand Pâris fêta les appas
D'Hélène,... le bon Ménélas
Jouait le jeu de l'oie.

Nos pères, battant les chemins,
Tombent un jour chez les Romains,
Pour en faire leur proie ;
Des oisons arrêtent l'assaut :
Le Gaulois s'en alla penaud
Jouer le jeu de l'oie.

En France, ce jeu nous plaît bien :
Le puissant et le plébéien
S'y livrent avec joie.
Mais le grand a toujours raison ;
Le petit tombe à *la prison*
Ouverte au jeu de l'oie.

Comme l'astrologue, un joueur
A la Bourse marche en rêveur,
Et parfois, s'y fourvoie ;
Notre gogo spécule, et puis,
Il se laisse choir dans un *puits,*
Ainsi qu'au jeu de l'oie.

Le *labyrinthe* s'offre à nous :
Là s'égarent sages et fous,
    Sans retrouver leur voie.
Chez nos phrynés où tout se vend,
Le jeu de l'amour, trop souvent,
    N'est que le jeu de l'oie !

Aux jeux de Bellone, un guerrier
Perd la vie et gagne un laurier
    Un boulet le foudroie !
Le bourgeois, sans craindre un tel sort,
Esquive *la tête de mort*,
    Même en jouant à l'oie !

Bref *l'hôtellerie* et *le pont*,
A ce jeu causent maint affront,
    Le malheur s'y déploie ;
Mais heureux quand les dés courtois
Vous font gagner *soixante-trois*,
    Au noble jeu de l'oie.

JUSTIN CABASSOL,
Membre honoraire.

LA LOTERIE

—

AIR : *Ne raillons pas la garde citoyenne.*

Séchez vos pleurs... vous que la loterie
Dans le sommeil berçait de songes d'or!
Rassurez-vous, bien qu'elle soit flétrie,
La loterie, aujourd'hui, règne encor!

Toujours on rêve un pays de Cocagne,
Et, cependant, que de fous, ici-bas,
En bâtissant des châteaux en Espagne,
Se sont éteints sur de tristes grabats!

On proscrivit *ambes... ternes... quaternes*,
Mais, renaissant sous des aspects divers,
La loterie hanta salons... tavernes,
Et la *roulette* affola l'univers!

Le jeu brillait, et le joueur, à l'aise,
Se ruinait... la loi mit son veto:

Obstacle vain!... car on vit le *Cent-treize* (1)
Se travestir sous plus d'un numéro !

En mille endroits, des cryptes clandestines
Vinrent offrir un spectacle affligeant,
Et l'on put voir dans d'ignobles sentines
S'anéantir et *l'honneur et l'argent !*

Pris de vertige, un peuple des plus grave
Livrait au sort des manoirs féodaux (2);
Vous avez dû, mânes des vieux Burgraves,
Frémir de honte au fond de vos tombeaux !...

Du lingot d'or, l'attraction magique
Troubla chez nous bien des cerveaux... pourtant,
L'heureux gagnant de ce lot mirifique
Mourut, dit-on, sans presque un sou vaillant !

Au temps présent, maint soi-disant malade,
Pour sa santé, cherche un autre horizon,
Et *Spa, Hombourg, Nice, Francfort et Bade* (3)
Ont dédoré plus d'un ancien blason !

(1) *Le Cent-treize*, nom donné à la célèbre maison de jeu installée au Pa-
lis-Royal à ce No.

(2) Les loteries d'Allemagne.

(3) Villes d'eaux, et plus particulièrement de jeux.

La *roubignole* (1) accapare la rue,
Son tapis vert est un humble pavé :
Mais les sergents de ville ont bonne vue,
Et le banquier opère au pied levé !

Le *tourniquet* (2), aux fêtes de village,
Est un appât à l'innocence offert ;
Et séduit par un grotesque étalage,
En maugréant celui qui gagne .. perd.

La loterie en famille, entre intimes,
Est sans péril, nonobstant, tel qui sort
Dévalisé de cinquante centimes,
Parfois se pose en victime du sort !

Tous les paris, faits sur le champ de course,
Tous les hymens, fruits d'un trafic bâtard,
Tous les calculs sur les valeurs de Bourse,
Ne sont-ils pas tous des jeux de hasard ?

La loterie eut néanmoins, je pense,
En certains jours un louable côté.

---

(1) La roubignolle, nom trivial d'un jeu plus trivial encore, jeu dans lequel la probité est lettre close.

(2) Le tourniquet, jeu très connu, mais d'une probité également très douteuse.

Quand pour mobile, elle eut la bienfaisance,
Et qu'elle prit, pour but, la charité!

Nous l'avons vue, au nom de la détresse,
Faire un appel à tout cœur généreux,
Et grâce aux dons des arts... de la richesse,
Venir en aide à bien des malheureux.

Nous l'avons vue, anoblissant son rôle
De saints patrons obtenir un permis,
Et *saint Xavier* et *saint Vincent-de-Paule*,
Ne se sont pas vus par trop compromis.

Ingénieuse et féconde en ressource,
C'est un ruisseau fantasque dans son cours;
Jamais ruisseau ne remonte à sa source,
La loterie existera toujours!

A. SALIN,
Membre honoraire.

LE LOTO

Air d'*Octavie* ou de la *Valse des Comédiens*.

Gloire au loto! C'est le jeu des familles,
Il est le roi des plaisirs innocents;

C'est le bonheur de nos petites filles,
De nos garçons, même des grands parents.

On est rangé tous autour d'une table,
L'un des joueurs tire les numéros,
Et vous fait rire avec un mot aimable
En leur donnant des noms originaux.

Onze ! — Ce sont les jambes de Voltaire,
Et si le *quatre* est sorti, chaque fois,
C'est le chapeau, dit-on, du commissaire,
Les deux bossus désignent *trente-trois.*

Le *huit* vient-il? toutes les voix sont prêtes
Pour répéter dans un gai brouhaha :
Ah! bon, voici la paire de lunettes
Que nous voyons au nez du grand-papa.

Gloire au loto! C'est le jeu des familles,
Il est le roi des plaisirs innocents;
C'est le bonheur de nos petites filles,
De nos garçons, même des grands parents.

Ce qui surtout amuse les moins sottes,
C'est en tout temps le numéro *vingt-deux,*

Que l'on annonce ainsi : les deux cocottes !
Et qui leur fait penser aux amoureux.

Puis vient bientôt le tour des deux béquilles :
Nom que l'on donne au *soixante-dix-sept,*
Il fait toujours rire les jeunes filles
Jusqu'à briser le busc de leur corset.

Le *sept* tout seul s'appelle la potence,
C'était jadis l'image d'un pendu ;
Soixante-neuf, honni qui mal y pense !
Bouci-boula : c'est le fruit défendu.

Enfin au jour lorsque vient à paraître
Le numéro *quatre-vingt-dix,* soudain
Chacun s'écrie : ah ! voici notre maître :
C'est grand-papa ! salut au souverain.

A ce propos, et sans plaisanteries,
Je vous dirai que ce jeu de hasard
Pendant l'hiver se joue aux Tuileries
Tout aussi bien qu'au quartier Mouffetard.

Gloire au loto ! C'est le jeu des familles

Il est le roi des plaisirs innocents ;
C'est le bonheur de nos petites filles,
De nos garçons, même des grands parents.

J. LAGARDE,
Membre honoraire.

_____

LE MAT DE COCAGNE

—

Air : *Maman, le mal que j'ai, c'est la grippette*

Jamais je n' fus battu,
Et moi, Gavroche,
J' grimpe à la broche ;
Car j'ai plus d' chanc', vois-tu,
A la timbal' qu'au prix d' vertu.

Place à moi, tas d' voyous punais !
Vous n'êt's pas forts de la *guibolle*,
Car vous v'nez d'apprendre, à vos frais,
Qu' celui qui monte dégringole !
Jamais je n' fus battu, etc.

Pour moi c'est l' plus *chicard* des prix :
A bas mes frusques et mes linges !
Je veux qu'on dise : il a d' Paris
Remporté le grand prix — des singes.

    Jamais je n' fus battu, etc.

Enfoncé l'institut Monthyon
Où la foul' brill' par son absence !
Moi, je r'çois l'acclamation
De tous les badauds de la France.

    Jamais je n'fus battu, etc.

Allons, du sang et du mouv'ment !
Exerçons nos *quilles* luronnes ;
S'il arrive un boul'versement
J'escalad'rai les couvents d' nonnes !

    Jamais je n' fus battu, etc.

A tout jeu je sais exceller,
Et je *becquille* de la sorte ;
Mieux vaut fair' ça que de voler...
Quoiqu' pourtant, bien moins, ça rapporte...

    Jamais je n' fus battu, etc.

Tout en blaguant j' viens d'arriver,

Et je décroche la timbale;
J' vais bien vit' descendr' la *laver*
Et faire un' noc' pyramidale!

Jamais je n' fus battu,
Et moi, Gavroche,
Je m' désembroche;
Car j'ai plus d' chanc', vois-tu,
Au mât d' cocagn' qu'au prix d' vertu.

A. VILMAY,

Membre titulaire.

LA MAIN CHAUDE

AIR de *la petite Margot*.

Vous savez tous qu'au jeu de la main chaude,
Le patient, sur vos genoux penché,
Tend sur le dos la sienne, et doit sans fraude
Dire quel est celui qui l'a touché.

La peau s'échauffe, on le comprend, bien vite,
A recevoir maint et maint horion,
Mais quelquefois, sans tarder, on évite
De conserver cette position.

Avec un peu d'adresse et d'habitude,
Par la façon dont il l'aura donné,
Le plus souvent, presque avec certitude,
L'auteur du coup peut être deviné !

Quand vous sentez d'une main qui se ferme
L'index crochu, sale et suant le suif,
En vous touchant, écorcher l'épiderme,
N'en doutez pas, c'est la patte d'un juif !

Que par hasard de salive on vous mouille,
Qu'une bottine ou bien le bout d'un stick
Malproprement en tous sens vous chatouille,
C'est, à coup sûr, un clerc d'huissier loustic.

Lorsqu'une main en tombant dans la vôtre,
Pour la frapper n'y va pas à demi,
Vous ne sauriez la prendre pour une autre,
Et vous direz : c'est celle d'un ami.

Qu'avec le nez quelquefois on vous frôle,
Evidemment, c'est qu'on l'aura très long;
Écriez-vous, si vous trouvez ça drôle :
« C'est un parent de M. Fénelon! »

Un doigt mignon sur votre main se pose,
Discrètement et doux comme un baiser,
On voudrait bien, dans les siens, je suppose,
Le retenir, si l'on osait... oser!

Certes, celui qui brusquement vous cingle,
Ainsi qu'un fouet, faisant claquer ses doigts,
Ou dans la chair vous enfonce une épingle,
Est un garçon et méchant et sournois!

Quand sur la vôtre une main grassouillette
Fait une croix, bien vite allez chercher
Celle qu'en vain sous sa chaude douillette
Ce bon chanoine essaye de cacher.

D'une façon à vous rompre l'échine,
Comme un marteau qui sur le fer s'abat,
Ce rude coup trahit son origine,
D'un auverpin c'est le poing délicat!

On met toujours sa main sur l'ongle rose,
Mais, trop pointu. qui vous griffe parfois,
Quand votre femme est, à tort ou pour cause,
Jalouse, hélas! jusques au bout des doigts.

Avec un peu d'adresse et d'habitude,
Pour la façon dont il l'aura donné,
Vous le voyez, presque avec certitude,
L'auteur du coup peut être deviné.

LOUIS PROTAT,
Membre titulaire.

LA MARELLE

Air de *ma Normandie.*

Au sort je cherche une querelle :
S'il croit qu'à mon âge il me sied
De repenser à la *marelle,*
Qu'il me rende au moins un bon pied!

Pour me donner vigueur nouvelle,
Qu'il retrempe mes vieux jarrets ;
Qu'en souvenir de la marelle,
Il daigne enfin m'octroyer des palets.

Que dis-je ? pour payer ma dette
Il me suffit, la plume en main,
D'inscrire dans ma chansonnette
Quelques souvenirs de gamin.
Voici la terre, sur laquelle
Perfidement j'accumulais
Tous les pièges qu'à la marelle
Dès le début il faut tendre aux palets.

A ce jeu-là, dans chaque case
Le palet doit être lancé,
Puis sur le sol qu'un seul pied rase
En être tour à tour chassé.
La *ligne* — règle essentielle —
Ne doit jamais être un relais ;
Bref c'est la *ligne* à la marelle
Qui peut causer la perte des palets.

Que l'on avance ou qu'on recule,
En prenant garde à tout faux pas,
Ce jeu d'enfants je l'intitule

Le jeu de beaucoup de papas.
Ainsi manœuvre la séquelle
Des courtisans et des valets :
Ils ont appris à la marelle
L'art de mener en tout sens les palets.

Après quatre cases franchies,
Il faut d'un bond passer l'*enfer*.
Ici je songe aux monarchies,
Et je comprends monsieur Rouher.
Comme lui le lutteur chancelle
Souvent au milieu du succès ;
Son pied fléchit, et la marelle
Change aussitôt de joueur de palets.

Un autre que l'exemple excite
Arrive jusqu'au *reposoir*.
Heureux si, par un plébiscite
Il obtient le droit de s'asseoir :
La trève est courte ; en sentinelle
On le voit rester aux aguets,
Sachant qu'on donne à la marelle
Peu de repos aux joueurs de palets.

Le sauteur en vain se dorlotte,
Il doit livrer d'autres combats,

Changer quatre fois de culotte
De bas en haut, de haut en bas.
Faut-il qu'il ait la jambe belle,
Et qu'il possède des mollets?
Non; il s'agit de la marelle
Où la culotte est celle des palets.

Gloire au vainqueur de ces obstacles!
En connaisseur je lui prédis
Qu'ayant accompli des miracles,
Il ira droit au *paradis*.
Arrivé là, qu'il se rappelle
Que rien n'entravant le progrès,
Au but prescrit par la marelle
Uu bon joueur fait aller les palets.

MONTARIOL.,
Membre associé.

LA PAUME

—

AIR : *No raillons pas la garde citoyenne.*

Je vais chanter le noble jeu de paume;
Par ce sujet je me sens empaumé.

Puissé-je ici, quand la paume m'empaume,
Chanter la paume, et n'être pas... paumé !

Inspire-moi, ce soir, divin Homère,
Toi qui jadis, et très éloquemment,
Dans l'Odyssée, en belle langue-mère,
De tes héros en fis l'amusement !

Je n'irai pas, — car c'est élémentaire, —
Vous raconter qu'en Grèce on s'y livrait
Dans un enclos appelé : *Sphéristère ;*
Non, ce fatras, je crois, vous ennuîrait.

Eh ! que nous font, et d'Ulysse, et d'Achille,
Les vieux exploits, qu'enfants nous colligeons ?
Nous préférons à leur adresse agile
Les jeux de Bourse, ou le tir aux pigeons.

Quittant ce ton de science ingénue,
Disons pourtant qu'à ce jeu les Romains
S'exerçaient tous sans gants et la main nue ;
Chez les Romains on aimait *l'air aux mains...*

Pardon, POINCLOUD ! — j'entre dans ton royaume ;
Du premier coup, sans crier : gare-là !

Juste en plein nez je te lance la paume...
A toi, mon vieux, de parer celui-là !

Passons bien vite à des temps plus modernes :
Nous retrouvons la paume au Pré-aux-Clercs;
Les écoliers, en sortant des tavernes,
Plus qu'à Cujas s'y montraient tous experts.

Là nous voyons les brillants gentilshommes,
Sous Henri II, Henri III, Charles IX,
Se défiant, risquant de fortes sommes,
Lancer la paume et jouer de l'éteuf.

Charque quartier avait son jeu de paume,
Même, la mode en province gagnait;
La France enfin, de Pau jusqu'à Bapaume,
Était un champ où la paume régnait.

Mais au déclin tout subit la tendance;
Après les jours de gloire, c'est connu,
Viennent, hélas! les jours de décadence...
Et ce temps-là pour la paume est venu.

Le sang Gaulois déclinant, — à la ronde,
Sous Louis XIII, on la vit décliner,

Et l'on comprend que, du temps de la Fronde,
Ce noble jeu ne devait pas trôner.

De plus en plus, sous le grand règne, il chôme;
Le dernier roi, que je n'ose flétrir,
Fermait enfin le dernier jeu de paume...
La liberté sut bientôt le rouvrir!

Qui ne connait cet acte d'héroïsme,
Ce cri vaiqueur, ce sublime serment
Qui, renversant l'antique despotisme,
Inaugura notre affranchissement?

La nation, déjouant la cabale,
Et vers le but s'avançant d'un grand pas,
Au front des rois avait jeté la balle...
La royauté ne s'en releva pas!

Telle est l'histoire, amis, du jeu de paume;
Par ce sujet fortement empaumé,
Puissé-je ici, quand la paume m'empaume,
Chanter la paume, et n'être pas paumé!

EUGÈNE GRANGÉ,

Membre titulaire.

LE PIED DE BŒUF

—

Air : *Faut d' la vertu, pas trop n'en faut.*

Le pied de bœuf, chez nos aïeux,
Était le plus goûté des jeux.

Le sort a voulu m' faire un' niche
En m' donnant l' pied d' bœuf pour sujet ;
J'aurais préféré le pied d' biche :
J'ai chanté la bête au complet.
Le pied de bœuf, chez nos aïeux, etc.

De l'enfance il faisait la joie ;
Il récréait à l'atelier ;
Il avait l' pas sur l' jeu de l'oie.
Il régnait en maître au foyer.
Le pied de bœuf, chez nos aïeux, etc.

De vingt mains une pyramide
Réunissait dix amoureux ;
En s' laissant prendr', fille timide,
Sans dir' mot, faisait un heureux.
Le pied de bœuf, chez nos aïeux, etc.

Quand les mains d'une jeune épouse
Venaient se mêler à ce eu,
D' son mari la mine jalouse
Du teint jonquill' passait au bleu.
Le pied de bœuf, chez nos aïeux, etc.

Un voyage sur l'onde immense
Devait son charme au pied de bœuf;
On s'y livrait en diligence
Depuis Paris jusqu'à Paimbœuf.
Le pied de bœuf, chez nos aïeux, etc.

Des enfants d' chœur, troupe indiscrète,
Cédant à la voix du démon,
Y jouaient sans bruit, en cachette,
Pendant le plus grave sermon.
Le pied de bœuf, chez nos aïeux, etc.

Après un' glorieus' bataille,
Nos soldats, assis sur leur sac,
Oubliant boulets et mitraille,
Usaient de c' pass'temps au bivac.
Le pied de bœuf, chez nos aïeux, etc.

De vivr' longtemps on a l'envie;

Moi, je redout' le nombre neuf :
La mort dans le jeu de la vie
Peut m' dir' : *Je tiens mon pied de bœuf.*

Le pied de bœuf, chez nos aïeux,
Était le plus goûté des jeux.

LE VAILLANT,
Membre correspondant.

PILE OU FACE

—

Air : *J' me l' demande.*

Tous les jeux, dans mon jeune âge,
Me plaisaient fort, cependant
L'un d'eux avait l'avantage
De me rendre plus ardent.
Dès que je sortais de classe,
A mes copins, — joyeux fous —
Je disais : « qui fait deux sous ? »
Pile ou face ?

Plus tard, auprès d'une fille
— Fût-ce Rose ou Margoton —
Je roucoulais : « sois gentille »
Tes appas veufs de coton,
Permets que je les embrasse,
Puis pour faire un bienheureux,
Tombe en mes bras amoureux
       Pile ou face !

« Vous me frappez par derrière ! »
S'écriait un franc gascon,
« Prenez garde à ma rapière...
» A l'avenir, mon très bon,
» Offrez-moi vos coups en face,
» Vous pourrez alors savoir
» Si je veux les recevoir
       » Pile ou face. »

Lise, laitière d'Avranches,
Sur son âne cheminait,
Lorsqu'en habits des dimanches,
Pierre fait peur au baudet...
Lise tombe, il la ramasse :
— Ah ! dit-elle, qu'as-tu vu ?
— Moi ? presque rien : ta vertu
       Pile et face.

Je sais certain patriote,
Briguant l'honneur de nos voix,
Qui serait moins sans-culotte
Si l'on ornait d'une croix
Son habit, raide de crotte...
Vingt fois on vit ce judas
Être près des potentats
   Pile ou face !

Ce jeu-là personnifie
Le siècle au quel nous vivons ;
Il est la photographie
Des abus que nous heurtons.
Toujours la clique rapace
Des ambitieux de cour
Sera, pour se faire jour,
   Pile ou face.

J'aime à mener l'existence
Sans souci du lendemain,
Et sans compter je dépense
L'argent que j'ai sous la main,
Ne gardant rien pour la place
Où je veux qu'après ma mort
On me jette, sans remord,
   Pile ou face !

F. VERGERON.
Membre titulaire.

LE PIQUET

AIR : *Lettre de l'Étudiant* (NADAUD)

L'autre jour, ma jeune voisine,
En babillant auprès du feu,
Me dit, d'une façon badine,
Apprenez-moi donc quelque jeu ;

Le piquet, lui dis-je, ma chère,
Est un jeu des plus émouvants,
Écoutez-moi, belle écolière,
Et suivez tous mes mouvements ;

Approchez de moi votre chaise,
Et bien en face placez-vous,
Franchement mettez-vous à l'aise,
Je vais vous montrer tous les coups.

Tirons d'abord — à qui la donne ?
Un sept — à moi de commencer ;
Le guignon déjà me talonne,
Je crains de me faire enfoncer.

On donne par trois ou par quatre,
Vous choisissez quatre, je vois,
C'est le vrai moyen de me battre :
Je préfère le nombre trois ;

Douze cartes, suivant la règle,
A chacun voilà notre part,
Puis vous pourrez, petite espiègle,
En rejeter cinq à l'écart :

Vous écartez très bien, friponne,
Vous avez fait un écart franc,
Et je vois bien, Dieu me pardonne!
Que je ne vais pas être blanc.

Les quintes, ce sont des séries
De cartes de même couleur ;
Quand on les trouve réunies,
C'est un indice de bonheur ;

Quatorze est une bonne affaire,
Quatre rois, as, dames, valets,
Viennent composer, d'ordinaire,
Un jeu souvent des plus complets.

Le point, le quatorze et la quinte,
Cela vous fait quatre-vingt-dix,
Et si la capote est atteinte,
Moins trois ç'est cent cinquante-six ;

Vous comprenez très bien, je gage,
Vous jouez comme feu Piquet,
Sur moi vous avez l'avantage,
Vous avez pris tout le paquet ;

J'ai beau chercher à gauche, à droite,
Je ne trouve rien qui soit bon,
Vous êtes vraiment trop adroite,
Vous ne laissez rien au talon ;

Vous êtes tout-à-fait veinarde,
A vous gagner je cherche en vain,
Je n'ai pas d'as, ni cœurs, ni garde,
Et vous avez tout dans la main ;

Ma foi, vous êtes bien lotie,
Et j'ai joué comme un vrai sot.
Vous avez gagné la partie,
Je suis pic, repic et capot.

A. FOUACHE,
Membre titulaire

LES QUILLES

—

AIR : *la Famille de l'Apothicaire.*

Il est un jeu pour les garçons,
A la ville comme au village,
Il existe en toutes saisons,
Et c'est un plaisir de chaque âge.
Exigeant des bras vigoureux,
Il ne peut convenir aux filles ;
Pour jouer il faut être deux,
Et son nom est le jeu de quilles.

On pose neuf quilles en bois,
Debout, par égale distance,
Puis, d'une boule d'un grand poids,
Le joueur s'empare et la lance ;
On doit choisir, pour se placer,
Un terrain auprès des charmilles ;

Le vrai but est de renverser
Le plus grand nombre de ces quilles.

Lorsque des rois, dans leurs états,
Se livrent au jeu de la guerre,
Qu'obtiennent-ils pour résultats?
Ruine complète et misère.
Cela ressemble au magasin
De ces porcelaines gentilles,
Où l'on viendrait, soir et matin,
Pour s'escrimer au jeu de quilles.

Certain agent, dans son quartier,
Sut captiver la confiance,
Ses bureaux étaient au premier,
Et chez lui régnait l'opulence;
Il se montra le protecteur
Et le caissier de cent familles,
Mais un jour, hélas ! par malheur,
L'escroc prit son sac et ses quilles.

En apportant cette chanson,
Ainsi qu'elle fut ordonnée,
Je crains, ce n'est pas sans raison,
Qu'elle ne soit pas couronnée ;

Pour me laisser un peu d'espoir,
Montrez-vous indulgents, bons drilles,
Et n'allez pas la recevoir
Comme un chien dans un jeu de quilles.

BOUCLIER,
Membre titulaire.

LA ROULETTE

Air des *Méli-mélo*.

— La roulette? je l'ignorais,
Mais je suis si bon camarade
Que, tout exprès, je fus à Bade
Pour vous mieux dire ses hauts-faits

Faut-il vous conter son histoire,
Du Palais-Royal à Hombourg?
Du **113** évoquer la gloire?
Non!.. sans trompette, ni tambour,

Je peindrai le bizarre aspect
Des victimes de rouge ou noire,
Pauvres gens qui, dans leur déboire,
Ont quelque chose de suspect :

'De l'or conservant la fringale,
Tel un coursier rongeant son mors,
On les voit rêver martingale,
Pleins de regrets, mais sans remords.

Le triste clan des décavés
Comme un chacal guette sa proie ;
Si le hasard, là, vous envoie...
Malheur à vous qui les bravez !

Intime ou simple connaissance,
Ami de vingt ans ou d'hier,
Sur vous ils tombent... quelle chance !
On vous étreint d'un bras de fer.

— « Monsieur » — Mon cher » —ou bien : « Mon
» J'allais faire sauter la banque,   [vieux • —
» Et maintenant de tout je manque...
» Je suis corrigé, plus de jeux !

» Mais ma pauvre femme est malade,
» Il me faut partir en deux temps...
» Et pas un sou pour quitter Bade...
« Prêtez-moi deux ou trois cents francs »

— Un autre, d'un ton plus navré,
Dit : « Je reçois un télégramme,
» Mon digne père a rendu l'âme,
» Vite ! un peu d'or, je m'en irai. »

— Le troisième dit : « Cascadette
» M'a tout perdu ! je pars... mais suis
» En compte à l'hôtel... Pour ma dette,
» Prête-moi huit ou dix louis. »

Tous jurent de ne jouer plus !
On donne aux uns, on donne aux autres...
Et subito ces bons apôtres
Au croupier portent vos écus.

Toujours de la roulette esclaves,
Au tapis vert vous les trouvez :
Le nez d'une aune et les yeux caves,
Voilà Messieurs les décavés !

Et vous voulez qu'en mon refrain
Je m'intéresse à ces jeux bêtes;
Et que, comme sur des roulettes,
Mon mot roule jusqu'à la fin?

Non pas! car, dans cet affreux gouffre,
Parmi ceux qui comptent leur gain,
Nul ne songe à qui vraiment souffre,
A qui demande un peu de pain.

Gagner pour gagner, voilà tout,
Que ce soit juste ou déshonnête...
. . . .
— Le vol... un bout de la roulette,
Le suicide à l'autre bout.

ALEXANDRE FLAN,
Membre titulaire.

LE SABOT

Air de la chanson de la *Sole*. (Pierre Dupont.)

D'une lanière en peau d'anguille
Quand je vois l'espiègle gamin

Frapper le sabot qui sautille,
Je les compare au genre humain :
Le sabot, c'est le prolétaire
Que le sort flagelle toujours,
Sans lui laisser sur cette terre
L'espoir de quelques meilleurs jours.

Sous le fouet qui te harcèle,
Trime, peuple, voilà ton lot.
Tes maîtres ont la main cruelle...
Trime, trime, bon vieux sabot!

Riches, ce jouet vous amuse;
Vous vous riez de ses douleurs.
Mais souvenez-vous que tout s'use...
Ne jouez pas avec les pleurs!
Que veut ce vieux traine-guenille?
Rien, qu'une faible part du miel
Produit par la grande famille
Pour qui Dieu n'a qu'un même ciel.
Sous le fouet qui te harcèle, etc.

Ses fils, hélas! on les enrôle
Comme étant des êtres sans nom,
Et, pauvres gars, quel est leur rôle

De servir de cible au canon !
Que font à des rois sans entrailles
Vertu, génie, esprit, talents,
Le sang versé dans les batailles,
Les larmes des petits enfants?..
Sous le fouet qui te harcèle, etc.

Ses vins comblent ton verre immense,
Gros Crésus, constant exploiteur !
D'où provient donc ta jouissance ?
De son perpétuel labeur.
Buvez donc à la même amphore,
Reconnaissez les mêmes dieux,
Et que l'amitié fasse éclore
Cet éden qu'on ne dit qu'aux cieux !
Sous le fouet qui te harcèle, etc.

Quand l'étranger, par ses carnages,
Vint désoler la nation,
Pour sauvegarder nos fermages,
Le bonhomme se fit lion...
La reconnaissance est un leurre !
Trois fois vainqueur, trois fois dompté,
Pour être heureux il attend l'heure
De l'éternelle égalité !
Sous le fouet qui te harcèle, etc.

Lui, qui fit les palais splendides,
Où des puissants trône l'orgueil,
En attendant ses invalides,
Meurt sans avoir même un cercueil...
Le sabot de l'enfant se brise
Lorsqu'il est las de trop servir...
A celui que plus d'un méprise,
N'enseignez pas à vous haïr !

Sous le fouet qui te harcèle,
Trimer, peuple voilà ton lot.
Tes maîtres ont la main cruelle,
Trime, trime, bon vieux sabot !

F. VERGERON,
Membre titulaire.

LE TIR

AIR : de *Calptgt*.

J'aimais assez, dans ma jeunesse,
A m'exercer aux jeux d'adresse,

Souvent, alors, on me voyait,
Faire chez Renesse ou Gosset
Quinze balles au pistolet;
Maintenant, ce n'est plus de même,
Je dois, position extrême!
De force, ou de gré, consentir
A ne plus m'occuper du tir.

Je suis ennemi des querelles,
S'élevant pour des bagatelles;
Mais rencontre-t-on un manant
Un gros butor, un insolent,
On doit se montrer menaçant?
Ne parvenant pas à s'entendre,
Il faut songer à se défendre :
D'un mauvais pas on peut sortir,
Quand on est ferré sur le tir.

Pendant longtemps, le tir à l'oie
De nos campagnards fit la joie;
Ce tir, jugé barbare, au fond,
Surtout depuis la loi Grammont,
Est à l'état de moribond;
Les tirs à l'arc, à l'arbalète,
Aujourd'hui ne font plus recette.

Le fusil fait mieux ressortir
Une heureuse aptitude au tir.

Le tir que j'aime à la folie
Qui fait le bonheur de ma vie,
Que je savoure, à tour de bras,
Dans un confortable repas,
C'est le tir... oui, le tir aux plats :
Le gibier doit suivre l'entrée,
Je suis fou de cette denrée
Qu'un vrai chasseur ne peut sentir,
Quand elle provient de son tir.

A bien des jeux la femme est forte,
Au whist, au lansquenet, n'importe,
Mais elle aime mieux l'écarté,
Qu'on joue en petit comité,
En causant et prenant le thé.
Pour toute belle pécheresse,
Au coup d'œil sûr, plein de finesse,
Le tir au pigeon, sans mentir,
Est bien le plus précieux tir.

Pour cette séance annuelle,
Nous aurons de notre cervelle
Tiré, chacun, plus d'un couplet

Sur les jeux, c'était le sujet
Adopté d'un accord parfait.
Dans celui qui fut mon partage,
J'ai rencontré bien du tirage;
Comment ne pas le pressentir?
Le sort m'ayant donné le tir.

ALEXANDRE **PARISET**,
Membre associé.

LA TOUPIE

—

AIR : *Bouton de rose.*

Sur la toupie
Le sort m'oblige à rimailler,
Sans bavarder comme une pie,
Quelque couplet... sans toupiller
Sur la toupie.

Une toupie
Pour un gosse est un beau jouet,
Lorsque d'une main aguerrie
Il sait corser d'un bon fouet
Une toupie.

Bonne toupie
Doit avoir un galbe parfait,
Une taille svelte, arrondie,
Trop d'embonpoint nuit à l'effet
D'une toupie.

Une toupie
Voit l'enfant d'orgueil se gonfler,
Lorsqu'à son caprice asservie
Il fait habilement ronfler
Une toupie.

Une toupie,
Qu'il a lancée à fond de train,
Bondit d'abord avec furie,
Puis valse et s'endort dans la main
Une toupie.

Une toupie
Tourne, voilà son élément;
En politique, où tout varie,
Que de gens, tournent presque autant
Qu'une toupie.

Au mot toupie,
Bescherelle ajoute cela :

Femme avec tous faisant la vie...
Ma muse est prude, et crie : holà !
. Pas de toupie.

ALLARD PESTEL,
Membre titulaire.

LE TRIC-TRAC

—

Air du *Barbier*.

Oui, je l'avoue,
Messieurs, je joue
Tous les jeux avec certain tact ;
C'est mon affaire,
Mais je préfère
Pour mon goût le jeu de tric-trac.

Mélange heureux de hazard et d'adresse,
Ce joli jeu n'est jamais endormant ;
Car, homme grave ou petite maîtresse,

Chaque joueur s'y met en mouvement.

           Oui, je l'avoue, etc.

Bien mieux qu'au wisht, en faisant sa partie,
On peut causer, fumer et badiner,
Et votre ardeur, loin d'être ralentie,
Redouble encore après un bon dîner.

           Oui, je l'avoue, etc.

Ce jeu brillant n'est plus guère de mode,
Les termes même en sont très peu connus,
Dit-on : *je pars !* on trouve plus commode
D'avoir un siège et de rester dessus.

           Oui, je l'avoue, etc.

Avec Irma j'ai fait plus d'une *école,*
Et son bonheur m'a rendu presque fou ;
Elle m'a fait bredouille, ma parole !
Tandis que, moi, je ne lui pris qu'un *trou.*

           Oui, je l'avoue, etc.

Quel heureux sort quand, pour remplir sa *table,*
A l'amateur il survient un *sonnez !*
Il n'est qu'un dé qui lui soit préférable,

C'est quand on peut attraper un *baiset.*

Oui, je l'avoue, etc.

Chez le voisin, passant avec adresse,
On peut changer de *dame* tour-à-tour;
Combien de fois l'amant, par sa maîtresse,
Se vit vaincu dans un *jan de retour?* (1)

Oui, je l'avoue, etc.

Le plus grand coup dont on fasse parade,
Et qu'on est fier de toujours réussir,
C'est quand on fait une longue *enfilade* (2);
Cela procure un énorme plaisir.

Oui, je l'avoue, etc.

Ce jeu souvent fait jeter feux et flammes,
Car à l'épreuve il met votre vertu.
A chaque instant il faut battre les *dames* (3),
Si l'on ne veut soi-même être battu.

Oui, je l'avoue, etc.

(1) Le *jan de retour* a lieu lorsqu'on passe dans le jeu de l'adversaire pour caser.

(2) On fait une *enfilade* quand on prend 12 à 15 trous de suite.

(3) On appelle : *battre une dame* quand votre adversaire ayant une ou plusieurs dames découvertes, on les atteint par le chiffre du dé : ce qui vous vaut des points

Les érudits ont créé maint système
Qui du tric-trac vous trace la leçon;
Mais tient-on tête à la beauté qu'on aime ?
Pour le jouer il n'est qu'une façon.

Oui, je l'avoue,
Messieurs, je joue
Tous les jeux avec certain tact;
C'est mon affaire,
Mais je préfère
Pour mon goût le jeu du tric-trac.

J. LAGARDE,
Membre honoraire.

LE WHIST

Ce court traité que j'offre à d'indulgents amis
N'est qu'un fragment de prose où les vers se sont mis.

Le sort a prononcé; mon Pégase s'élance,
Whist est le mot donné, c'est-à-dire silence,

Si j'en crois un Anglais; mais faire une chanson
Sur un pareil sujet me donne le frisson.

J'aime mieux en quatrains m'acquitter de ma dette
Pour définir ce jeu d'une façon plus nette,
Au risque de venir à coups d'alexandrins,
Jeter un froid mortel sur vos joyeux refrains.

L'homme révèle au *whist,* ses goûts, son caractère,
Son humeur, son esprit chagrin, joyeux, austère,
Quel qu'il soit, malgré lui, le joueur laisse voir
Son humaine doublure ainsi qu'en un miroir.

Aux charmes de ce jeu qu'illustra *Deschapelles,*
Combien de jeunes gens osent rester rebelles,
Et s'en vont demander au fiévreux *lansquenet*
Un plaisir qu'on redoute alors qu'on le connaît?

Ainsi que d'autres jeux, le *whist* se joue à quatre,
Mais si l'on n'est que trois, sans se laisser abattre
Par cette circonstance, et qu'on soit ou non fort,
Chaque joueur pourra faire à son tour le *mort.*

Au *whist* comme ici-bas, de l'un à l'autre pôle,
Nous voyons *les honneurs* jouer un très grand rôle.

La déesse au bandeau, spectacle désolant,
Ne se me pas toujours du côté du talent.

Par un pouce assoupli, fermement comprimées
Dans une seule main, les cartes arrimées
En forme d'éventail doivent, de toute part,
Former, impénétrable, un solide rempart.

Qu'en un ordre parfait elles restent rangées,
Offrant toujours à l'œil trois ou quatre rangées
De valeureux soldats comptés avec grand soin :
Du plus petit d'entre eux on peut avoir besoin.

Napoléon-le-Grand, si j'en crois mainte histoire,
De chaque vieux grognard notait dans sa mémoire
Le nom et les exploits, de même un bon joueur,
Depuis l'as jusqu'au deux, retient chaque couleur.

Dressez rapidement un plan d'attaque habile,
Aux changements soudain si votre jeu fertile
Est toujours préparé, sans tomber dans l'excès
Des grecs, vous volerez de succès en succès.

Malgré tous vos efforts, s'il faut que la bataille
Commence promptement, marchez, vaille que vaille.

7.

Parfois un beau désordre est un effet de l'art;
La défense d'abord, la parade plus tard.

Un joueur maladroit se montre fataliste.
Chevalier du gourdin, démoc. ou royaliste,
Au milieu du combat il faut avoir du cœur :
Ce n'est qu'à coups de *triks* qu'on peut être vainqueur.

Une *invite*, toujours, doit être franche et claire.
Par une carte basse, à votre partenaire,
Indiquez votre force, et, quand viendra son tour,
Il vous invitera sans crainte et sans détour.

Fournissez ou prenez toujours de la plus basse,
Ce point est important, quoique dise ou que fasse
Le vulgaire joueur dont l'instinct machinal
Ne s'éleva jamais au-dessus du banal.

Par contre, en attaquant, jouez de la plus haute,
Agir différemment est une lourde faute
Commise fréquemment par des esprits obtus
Qui s'étonnent après d'être souvent battus.

Cachez votre faiblesse et montrez votre force,
Sans quoi vous seriez pris à votre propre amorce,

L'ennemi défiant, donnant de ses *atouts,*
Vous ferait promptement expirer sous ses coups.

Un *roi,* votre allié, ne doit sur son passage
Rencontrer nul obstacle; il est prudent et sage
De ne le point *couper,* et, s'il échoue au port,
Sa veuve et ses enfants auront un meilleur sort.

La septième levée est une forteresse
D'où l'on peut défier le feu de l'ennemi;
Il faut s'en emparer par force, par adresse,
Et, pour y parvenir, ne rien faire à demi.

Une arme à deux tranchants est souvent dangereuse.
Avez-vous du sang-froid, et l'âme courageuse?
Si *l'impasse* vous plaît, risquez-la hardiment,
Mais toujours à propos, jamais étourdiment.

Riche ou maître en *couleurs,* il vous faut au plus vite
Des *atouts* dangereux débarrasser le jeu,
Et, jusques au dernier, les relancer au gite.
Sachez en pareil cas faire la part du feu.

Sur une invite amie avez-vous fait la *dame,*
Ou son royal époux? gardez-vous, fine lame,

De rendre la *couleur ;* votre allié surpris
Verrait son autre *honneur* par l'as à coup sûr pris.

En second, fournissez la plus petite carte,
Comptez sur votre ami ; plus d'un peureux s'écarte,
Sans savoir trop pourquoi, de ce principe sûr.
Pour son associé le jeu devient obscur.

A couper si l'ami nettement se refuse,
C'est qu'il demande *atout,* vous seriez sans excuse
Si vous méconnaissiez le sens de cet appel,
Et n'exécutiez point un ordre aussi formel.

Par mégarde avez-vous commis une *renonce,*
Tenez-la bien secrète, une verte semonce
Viendrait récompenser votre sincérité,
Et l'on vous punirait avec sévérité.

Ne jouez point hors tours, sinon la *pénitence*
Suivrait de près l'erreur, sévissant d'importance ;
L'adversaire enchanté, disant : ma foi, tant pis,
Pourrait vous *étaler* gaîment sur le tapis.

A défaut de *couleur,* le *valet* ou la *dame,*
Seuls ou même seconds, valent mieux comme *entame*

Qu'une *invite* douteuse. Un glorieux trépas
Souvent pour un parti fait plus que mille bras.

Jusqu'au dernier moment chaque *carte maîtresse*
Doit vous être connue ainsi que son adresse.
Disparaît-elle enfin, qui lui succèdera?
Aidez votre mémoire, elle vous aidera.

Le grand coup qu'au piquet on appelle *capote*
Se nomme au whist *chelem*, c'est la plus forte botte
Qu'on puisse à l'ennemi porter dans le combat,
Et vainqueurs et vaincus sentent leur cœur qui bat.

Que l'enjeu soit d'un franc ou d'un louis la *fiche*,
Voire même d'un sou, perdre, nul ne s'en fiche.
Pour gagner ne comptez jamais sur le hasard;
Défendre son argent est toujours un grand art.

Mon Pégase aux abois ne bat plus que d'une aile,
Et je l'excite en vain; au devoir infidèle,
Rétif, il m'abandonne au milieu du trajet,
Quand je n'ai pu qu'à peine effleurer mon sujet.

J. RUEL,
Membre associé.

TABLE

Pages

www.ingramcontent.com/pod-product-compliance
Lightning Source LLC
Chambersburg PA
CBHW051736090426
42738CB00010B/2288